Karl Rahner

# *Alt werden*
# *und*
# *lebendig bleiben*

Karl Rahner

# *Alt werden und lebendig bleiben*

Herausgegeben von
Andreas R. Batlogg
und Peter Suchla

Matthias Grünewald Verlag

**VERLAGSGRUPPE PATMOS**

PATMOS
ESCHBACH
GRÜNEWALD
THORBECKE
SCHWABEN
VER SACRUM

Die Verlagsgruppe
mit Sinn für das Leben

MIX
Papier aus verantwortungsvollen Quellen
FSC® C014496
FSC www.fsc.org

Klimaneutral
Druckprodukt
ClimatePartner.com/14549-2003-1001

Für die Verlagsgruppe Patmos ist Nachhaltigkeit ein wichtiger Maßstab ihres Handelns. Wir achten daher auf den Einsatz umweltschonender Ressourcen und Materialien.


Verlagsgruppe Patmos in der Schwabenverlag AG, Ostfildern
www.gruenewaldverlag.de

Umschlaggestaltung: Finken & Bumiller
Umschlagmotiv: © Deutsche Provinz der Jesuiten
Satz: Schwabenverlag, Ostfildern
Druck: GGP Media GmbH, Pößneck
Hergestellt in Deutschland
ISBN 978-3-7867-3274-7

# Inhalt

# *»Altwerden als geistliche Aufgabe«*

## Einführung der Herausgeber

### I. Das Megathema »Alter«

Der Film »Honig im Kopf« (2014) befasst sich mit einem Aspekt des Altwerdens, der für viele Menschen zu den bedrängendsten gehört und mit großen Ängsten verbunden ist: mit Alzheimer. Der Komiker und Kabarettist Didi Hallervorden spielt darin den pensionierten Tierarzt

Amandus Rosenbach, dessen geistiger wie motorischer Verfall geschildert wird – mit teils lustigen, teils skurrilen, teils gefährlichen Szenen im Alltagsleben. Schlussendlich landet er in einem (luxuriösen) Pflegeheim, wo er im Beisein seiner Enkelin friedlich einschläft und stirbt, nachdem Tilda zuvor mit ihrem Opa auf abenteuerlichen Wegen heimlich nach Venedig gereist war – um in ihm damit (erfolglos) die Erinnerung an seine Flitterwochen wachzurufen.

1

*Ein Film als Tabubrecher:* Diese deutsche Tragikomödie, die an Weihnachten 2014 anlief, lockte über sieben Millionen Besucherinnen und Besucher in unsere Kinos. International soll der Film über 60 Millionen Euro eingespielt haben. Was machte ihn so erfolgreich?

Manche Kritiker befanden, »Honig im Kopf« verharmlose die Alzheimer-Krankheit. Andere sprachen von Überzeichnungen, gar von Verspottung. Der Film setzte jedenfalls eine breite gesellschaftliche Debatte in Gang und erwies sich damit als erfolgreicher Tabubrecher: Tragikomik als Vehikel, um über Alzheimer und Demenz zu reden – ein Thema, das für viele Menschen und ihre Angehörigen beklemmende Realität ist, für viele andere das schlimmste Schreckensszenario, wenn sie ans Altwerden denken. Kein Wunder, dass in diesem Zusammenhang auch die Sterbehilfe, die Frage des selbstbestimmten Sterbens, aufgeworfen wurde.

2

*Corona und das schiefe Bild vom Altwerden:* Die seit Anfang 2020 grassierende Corona-Pandemie traf den gesamten Globus. Schreckliche Bilder gingen um die Welt und prägten sich ein: Militärfahrzeuge in Bergamo, die massenweise Särge abholten. Kühltransporter in New York, in denen Leichen gestapelt wurden, weil die Leichenschauhäuser überlastet waren. Massengräber, die in Brasilien ausgehoben wurden. Krankenhauskorridore, in denen sich Bett an Bett reiht, und vieles andere.

Eingeprägt haben sich aber auch diese Bilder vom 27. März 2020: Bei Nieselregen, der später in strömenden Regen überging, betete Papst Franziskus auf dem Vorplatz des Petersdoms in der Abenddämmerung um ein Ende der Seuche, vor sich den menschenleeren Petersplatz, auf dem sonst Zehntausende stehen. Allein und wackelig steuerte er auf das Podium zu. Für die letzten Stufen musste er sich auf den päpstlichen Zeremonienmeister stützen. Im Hintergrund ein mittelalterliches Pestkreuz, das aus dem Inventar der römischen Kirche San Marcello al Corso stammt. Dorthin war Franziskus einige Tage vorher in einer privaten Fußwallfahrt gepilgert – durch die leergefegten Straßen Roms. Fast eine ganze Stunde dauerte diese Andacht, bis Papst Franziskus mit der Monstranz vor den Petersdom trat und »die Stadt und den Erdkreis« *(urbi et orbi)* segnete. Wahrlich außerordentlich!

Glaubenden Menschen auf allen Kontinenten galt der Segen genauso wie denen, die nicht (mehr) glauben können oder wollen. »Wir sitzen alle im selben Boot«, hatte Franziskus zuvor in seiner Ansprache gesagt, »alle schwach und orientierungslos«. Ein Medikament war dieser Papst-Segen nicht. Auch nicht Magie. Er bewahrt nicht vor dem Virus der Krankheit. Aber vielleicht vor dem Virus der Trostlosigkeit und der Verzweiflung. Die Botschaft lautet: Vergesst nicht, einander Gutes zuzusprechen! Damit Corona und Tod nicht das letzte Wort haben!

Verwundbarkeit und Sterblichkeit prägen in Zeiten einer Pandemie jedenfalls unser Denken wie selten zuvor. Und weil besonders alte Menschen anfangs die Leidtragenden des

Virus waren, ist auch das Denken übers Altwerden davon geprägt, so als sei es furchtbar, alt zu sein, so als seien alte Menschen nichts als »Risikogruppen«. Ein kolossal schiefes Bild, ein fataler Irrtum!

Gegen diesen Irrtum wendet sich Papst Franziskus auch durch die Einsetzung eines neuen »Welttags« für die katholische Kirche, der den »Großeltern und älteren Menschen« gewidmet ist und jedes Jahr am vierten Sonntag im Juli begangen werden soll. »Der Heilige Geist weckt auch heutzutage in den alten Menschen Gedanken und Worte der Weisheit«, so der Papst in der Ansprache, die aus dem Apostolischen Palast per Video live übertragen wurde, »ihre Stimme ist wertvoll, weil sie das Lob Gottes singt und die Wurzeln der Völker hütet. Sie erinnern uns daran, dass das Alter ein Geschenk ist und dass die Großeltern das Bindeglied zwischen den verschiedenen Generationen darstellen, um den jungen Leuten die Lebens- und Glaubenserfahrungen weiterzugeben.«

Am 9. Februar 2021 veröffentlichte die Päpstliche Akademie für das Leben ein Dokument mit dem Titel »Das Alter – unsere Zukunft«, in dem ein kultureller Wandel für unseren Umgang mit dem Alter gefordert wird: Senioren, die nicht mehr im Produktionsprozess stehen, seien keineswegs nur Last oder Kostenfaktor, sondern vielmehr ein Geschenk und eine Bereicherung, für die Familien, für die Gesellschaft, für diesen Planeten.

## 3

## *Vom Verdrängen zur Lebensaufgabe – auf dem Weg zu einer Spiritualität des Altwerdens:*

Viele Menschen verdrängen, dass es gut wäre, sich nicht erst mit 70 oder 80 mit Fragen des Altwerdens und Sterbens zu beschäftigen. Nicht ohne Grund gibt es eine schon in der Antike (bei Platon und Seneca) einsetzende, im Mittelalter besonders in den christlichen Orden gepflegte *ars moriendi*, wie es lateinisch heißt, eine »Kunst des Sterbens«, und gemeint ist damit eine positive Auseinandersetzung mit dem Sterben als Aufgabe für das ganze Leben.

Altwerden, alt sein – das gilt meist als eine Lebensphase, die zwar unaufhaltsam kommt, über die man aber am besten nicht nachdenkt und die man schon gar nicht als Chance wahrnimmt. Der sogenannte »Rentenschock« zeigt es: Wer bin ich, was gelte ich noch, wenn mit dem Ende der aktiven Berufslaufbahn »alles aus« ist? Für manche klingt das wie ein Todesurteil. Man gehört jetzt zum »alten Eisen«, wird nicht mehr gebraucht. Doch vielen gelingt es, diese neue Lebensphase ganz anders wahrzunehmen. Weil sie nicht mehr in der Zwangsjacke von Terminen, Arbeitszeiten und Leistungsdruck stecken und die neue Freiheit genießen können. Bei der heutigen Lebenserwartung, jedenfalls in Deutschland, kann jemand, der mit 63 oder 67 in Rente geht, durchaus noch mit zwanzig und mehr Jahren rechnen – bei gesunder Lebensweise und einem vernünftigen Umgang mit altersbedingten, unvermeidlichen Beschwerden. Altersflecken machen nicht automatisch depressiv. Wer nicht länger irgendwelchen modischen Ansprüchen, beruflichen Zwängen, gesellschaftlichen Erwartungen und medialen Idealen gerecht werden muss, gewinnt an Lebensqualität. Es wäre interessant herauszufinden, ob nicht die Mehrheit der Menschen im Alter zufriedener lebt als in den jüngeren Jahren …

Zu diesem Sich-zufrieden-Fühlen im Alter gehört ohne Frage aber auch eine spirituelle Komponente, eine Spiritualität des Altwerdens, für die uns Karl Rahner (1904–1984) wertvolle Impulse geben kann.

4

*Karl Rahner und das Alter:* Seine viel beachtete Rede »Erfahrungen eines katholischen Theologen« auf einer zweitägigen Tagung in Freiburg schloss Rahner mit den Worten ab: »80 Jahre sind eine lange Zeit. Für jeden aber ist die Lebenszeit, die ihm zugemessen ist, der kurze Augenblick, in dem wird, was sein soll« (Karl Rahner, Sämtliche Werke, Bd. 25, S. 57 [im Folgenden abgekürzt SW 25, 57]).

Mehr als achtzig Lebensjahre wurden es bei ihm, gänzlich unerwartet, leider nicht. Aus heutiger Sicht wurde Rahner nicht sehr alt. Er starb am Ende des Monats (am 30. März 1984), an dessen Anfang (am 5. März) er seinen 80. Geburtstag gefeiert hatte. Die verschiedenen Tagungen, unter anderem in

London, Budapest, Freiburg und Innsbruck, hatten ihn erschöpft. Deswegen zog er sich Ende März in ein Sanatorium in der Nähe von Innsbruck zurück, um »aufgepäppelt« zu werden, wie er es des Öfteren getan hatte. Dort diktierte er seiner Sekretärin noch einen »Dankesbrief« für die Glückwünsche zum Achtziger, der mit »27. März 1984« datiert ist, also vier Tage vor seinem Tod. Gleich zu Beginn informierte er darüber, »dass ich wenige Tage nach meinem Geburtstag in das Sanatorium der Kreuzschwestern in Rum bei Innsbruck musste und von da frühestens in ein paar Wochen wieder herauskomme« (SW 31, 506). Es kam anders. In der Nacht vom 29. auf den 30. März wurde er ins Universitätsklinikum nach Innsbruck gebracht, wo er kurz vor Mitternacht auf der Intensivstation starb. Seine Sekretärin hat die letzten Stunden für die Nachwelt festgehalten (Elfriede Oeggl, Das Sterben, in: P. Imhof/H. Biallowons [Hrsg.], Karl Rahner – Bilder eines Lebens. Freiburg 1985, 162–163).

Zeit seines Lebens war Rahner ein »Arbeitstier«, das sich keine Pause gönnte. Und während des Zweiten Vatikanischen Konzils (1962–1965) verausgabte er sich total. Von da an nahmen gesundheitliche Probleme zu. 1971 musste Rahner krankheitsbedingt in den Ruhestand gehen. Er war 67. Drei Jahre später, 1974, bei einem Empfang im Verlag Herder, bedankte sich der 70-jährige Jubilar für die Glückwünsche mit den Worten: »Sie haben mir alle noch viele gute Jahre gewünscht. Ob sie kommen oder nicht, das weiß ich nicht. Ich vermute sehr, dass sie nicht kommen, aber das ist eine Sache des lieben Gottes und vielleicht auch der Ärzte. Jedenfalls, solange ich noch etwas tun kann, will ich es tun. Und im Übrigen kommt ja auch eine neue Generation. Ich darf auch hier noch einmal erzählen, wie mir meine liebe Mutter vor ungefähr einem halben Jahr in klarer und schöner Schrift geschrieben hat: ›Höre auf zu arbeiten. Unsere Zeit ist vorbei. Bete, dass die Jungen den Heiligen Geist haben, um mit ihrer Zeit fertig zu werden‹« (SW 31, 458). Seine Mutter lebte damals noch und starb erst 1976, im biblischen Alter von 101 Jahren. Fast etwas melancholisch fuhr Rahner weiter: »Die Schatten werden länger in meinem Leben, und gestatten Sie mir, dass ich sage, so langsam ist Zeit zu gehen. Man blickt auf Jesus Christus, den Gekreuzigten und Auferstandenen, und hofft auf die selige Unbegreiflichkeit Gottes« (ebd.).

Es wurden dann doch noch zehn Jahre. Rahners Schaffenskraft nahm ab, nicht aber seine Inspiration, er publizierte nach wie vor viel, und noch zwei Wochen vor seinem Tod setzte er sich in einem Brief an den Alterzbischof von Lima für den peruanischen Befreiungstheologen Gustavo Gutiérrez ein (vgl. SW 28, 336–337).

Bei einer Rom-Reise im Frühjahr 1979 wurde für ihn eine Begegnung mit Johannes Paul II. arrangiert. Davon gibt es zwar keine Fotos, aber eine Anekdote, die Rahner bei einer Feier zu seinem 60. Ordensjubiläum am 27. April 1982 (unter dem Titel »Wie man dumm mit dem Papst reden kann«) preisgab. Sie sagt etwas aus über den selbstironischen Umgang des 75-Jährigen mit dem eigenen Alter: »Ohne meinen Wunsch erhielt ich im März 1979 eine Privataudienz beim Papst. Da ich den Papst von einem Mittagessen bei ihm in Krakau kannte, war seine erste Frage, als er mir bei der Audienz die Hand gab: ›Wie geht es Ihnen?‹ Ich war unvorbereitet und verdutzt und sagte: ›Oh, ich bin jetzt emeritiert, wohne in München und warte auf den Tod.‹ Dem Papst schien diese Antwort offenbar nicht sehr unangebracht. Er sagte nur: ›In Polen sagt man: die einen müssen, die anderen können‹. Ich weiß nicht recht, was er damit meinte. Vermutlich muss ich bald. Eigentlich soll man mit Päpsten nicht über seinen eigenen Tod reden. Die haben andere Sorgen« (SW 25, 44).

Gedanken übers Alter und Altwerden hatte sich Rahner oft gemacht, seine Bibliographie weist eine ganze Reihe von Artikeln zum Themenkreis Alter/Altern und, damit verbunden, zum Themenkreis Sterben/Tod aus. Ein Theologe muss sich schon von Berufs wegen mit den »Letzten Dingen« beschäftigen, und so ging auch Rahner immer wieder auf die Thematik des Altwerdens ein, auch im Zusammenhang mit dem Altwerden in Ordensgemeinschaften, etwa in dem Beitrag »Altwerden ist eine wirklich ernste Sache« in der Zeitschrift für Ordensfrauen »Jetzt«

(1972), deren Redaktionsmitglied er war. Einer seiner Artikel mit dem Titel »Altwerden als geistliche Aufgabe«, von dem wir in diesem Band eine Passage (Text 3) ausgewählt haben, beginnt mit den Worten: »Ich stehe im 72. Lebensjahr und lebe das 54. Jahr im Orden. Ich gehöre also bei uns sicher zu den Alten, zumal ich schon 1971 als Theologieprofessor von Münster emeritiert wurde. Das Altwerden erfahre ich also. Aber ob ich etwas über die geistliche Aufgabe sagen kann, die im Altsein steckt, ist eine andere Frage. Denn dazu muss man ein ›geistlicher Mensch‹ sein« (SW 25, 494). Das zeugt von Rahners kritischer Selbstdistanz und Selbstironie. Für uns Heutige jedoch spricht aus seinen Texten ein hohes Maß an geistlicher Tiefe, weswegen es sich lohnt, sich mit diesen Texten immer wieder zu beschäftigen. Werfen wir einen Blick auf die hier abgedruckten sechs Texte.

## II. Zum Verständnis der Texte

1

*»Wie erleben Sie die Zeit des Alterns?«* Der Text stammt aus einem mehrstündigen Gespräch im Umfeld des 80. Geburtstags von Rahner. Die Fragen, die Rahner gestellt werden, sind konkret und betreffen eigentlich jeden: *Wie werden Sie damit fertig, dass die Kräfte mit zunehmendem Alter weniger werden? Könnten Sie sich auch mit der Tatsache abfinden, dass Sie vielleicht am Tag noch nicht einmal mehr eine halbe Stunde geistig arbeiten könnten? Mit dem Älterwerden geht da auch die Einsamkeit einher? Es gilt also nicht nur das Leben einzuüben, sondern auch den Tod zu bejahen?*

Rahner weicht keiner Frage aus, verhehlt nicht, dass er Alterserscheinungen kennt und um die Angst weiß, »auf das tote Geleise geschoben zu werden«. Aber weder verharmlost er, noch macht er ein Drama daraus. Und wenn man im Alter mehr und mehr Lebensaufgaben und -energie verliert, ja wenn es schließlich ans Sterben geht, »dann befindet man sich«, sagt er, »erst recht in der Hand Gottes, nicht mehr in der eigenen. Und in der Hand Gottes ist man besser geborgen und gerettet als dort, wo man meint, über sein eigenes Leben selbstherrlich verfügen zu können«.

2

*Das Alter – Gnade, Aufgabe aber auch Gefährdung.* Ausführlich geht Rahner im Saarländischen Rundfunk auf Fragen um Alter und Tod ein. Nüchtern kommt er auf das Nachlassen von Kräften und auf das Langsamerwerden zu sprechen, das einem allmählichen Verblassen oder Verschwinden von der Bühne des Lebens gleicht, und wie er damit umgeht. Interessant und in dieser Deutlichkeit selten zu hören und zu lesen, ist seine Sicht des Todes: Der alttestamentlichen Vorstellung, die im Tod eine grausame Folge der Ursünde Adams und Evas sieht, hält er die neutestamentliche Vorstellung des Apostels Paulus entgegen vom »Mitsterben mit Christus als dem absoluten Sieg des Lebens« (vgl. 2 Tim 2,11 u. a.).

Heißt: Das Christus-Ereignis, in dem Gott sich den Menschen liebevoll zusagt, überragt die Paradiesgeschichte, soviel Wahres diese Geschichte auch über uns Menschen aussagt. Der Tod und die Auferstehung Jesu verändern für den Glaubenden daher alles Denken über das Sterben. Seit Jesu Auferstehung ist Sterben keine Strafe mehr, sondern ein Verwandeltwerden, und das Verlieren ein Gewinnen: »Jeder Mensch stirbt so, dass ihm alles genommen wird, und der Christ hat die Überzeugung im Leben und im Sterben, dass diese Leere, die durch dieses Genommen-Werden entsteht, eben haargenau durch das ausgefüllt wird, was wir Gott nennen«.

3

*Die geheimste Aufgabe des Christen.* Dieser Text verdeutlicht das soeben Gesagte noch einmal. Je mehr wir im Alter begrenzt werden, umso mehr »geht Gott für uns auf; die scheinbare Leere des Alters ist erfüllt von dem unsagbaren Geheimnis, das keinen Namen mehr hat und langsam nicht mehr verstellt wird durch die bunte Vielfalt des Lebens, die unser Herz verzaubern will«. Hinter diese Verzauberung zu blicken, sie zwar zu schätzen, aber nicht für das letzte Wort über die Wirklichkeit zu halten, sondern das unbegreifliche Geheimnis anzunehmen, »das in uns und über uns als Ursprung und Ziel waltet«, das ist die eigentliche Aufgabe des Christen. Daher ist Rahner überzeugt: »Im Alter kann auf neue Weise Gott nahekommen.«

4

*Gedanken zu einer Theologie des Alters.* Hier geht Rahner das Thema Altwerden systematischer an, sieht es auch unter dem Aspekt von Natur und Kultur bzw. von Biologie und Gesellschaft. Nachdenklich spricht er davon, dass nicht jeder und jedem ein »heiteres Alter« und ein »schönes Sterben« gegönnt ist, dass es natürlich auch die Möglichkeit gibt, senil zu werden, verwirrt, depressiv. Das ist für Rahner letztlich »Gottes Sache«. Zur Aufgabe des Alters »gehört es, rechtzeitig diese unbekannt auf uns zukommende Situation des Alters und des Todes anzunehmen und zu wissen: Alles kann Gnade sein, auch dann, wenn wir nur noch die hilflos Besiegten sind«. Doch auch wenn das Alter vielleicht zu einer schweren Last geworden ist: »Gott trägt sie mit uns und nimmt sie uns ab, wenn wir wirklich nicht mehr können.«

Wir müssen uns allerdings davor hüten zu meinen, die schwere Last sei für das Alter typisch. Die große Mehrheit der alten Menschen in unserem Land erfreut sich guter Gesundheit. Und wenn zu dieser Gesundheit eine spirituelle Komponente dazukommt, wenn man sich im Alter die Perspektive des ewigen Lebens vor Augen hält, wird man frei von krampfhafter Angst, frei zum altersbedingten Loslassen, frei für die Freude am Leben auch und gerade im Alter. Daher betont

Rahner, das ewige Leben dürfe »nicht nur das sein, wogegen wir mürrisch nichts haben, weil wir nun einmal hier nicht ewig weiterleben können«, vielmehr muss es »von uns in liebender Hoffnung erwartet werden«. Aber »wir Alten sind noch nicht fertig. In einem wahren Sinn ist doch noch alles offen; der Ausgang unseres Lebensdramas ist noch Zukunft, und alles, was von der Vergangenheit her unerbittlich ist, steht unter dem Spruch des Gottes einer alles verwandeln könnenden Liebe, der auch unser vergangenes Leben, ohne es auslöschen zu müssen, umsetzen kann in selige Freiheit«.

5

*Der Gipfel eines Lebens.* Wie oft hört man alte Menschen sagen, sie hätten das Schönste ihres Lebens hinter sich! Rahner stellt diese Aussage auf den Kopf: Das Schönste, den Gipfel seines Lebens, sieht er vor sich. Man muss bei diesem kurzen Text länger verweilen, ihn in Ruhe bei sich ankommen lassen – ergreifender kann Spiritualität, kann christliches Glaubensverständnis nicht sein.

6

*Christlich gehen können.* In diesen anrührenden Schlusszeilen hält Rahner fest, warum das Altwerden für ihn eine Gnade ist: »weil im Alter die Hoffnung des ewigen Lebens wächst, weil *Du* zunimmst, wenn wir abnehmen«.

Die Herausgeber wünschen allen Leserinnen und Lesern, dass sie in diesen Texten Inspiration für ihre eigenen Gedanken über das Altwerden finden. Wer Rahners Texte auf sich wirken lässt, kann die Erfahrung machen, dass man gelassen(er) alt wird und dass dabei der Glaube lebendig bleibt, ja sogar im Alter lebendiger wird als je zuvor.

*Andreas R. Batlogg SJ*

*Peter Suchla*

# *»Wie erleben Sie die Zeit des Alterns?«*

*[Interviewer:] Wie erleben Sie die Zeit des Alterns?*

[Rahner:] Es gibt natürlich sehr viele Leute, gerade heute, die löbliche und etwas herbeigezerrte Lobsprüche über das Alter machen. Es gibt auch ein beruhigtes Alter, ein reifes, ein abgeklärtes Alter, ein – vielleicht – schönes Alter, in dem man auf sein Leben zurückblickt. Aber es gibt eben auch ganz nüchtern das Alter, das immer näher dem Tod entgegengeht. Ein Alter, in dem man abgebaut wird. Ein Alter, in dem man da oder dort, in dieser oder jener Hinsicht den Eindruck hat, auf das tote Geleise geschoben zu werden. Ein Alter, in dem man mühsam eben das Ende seines Lebens kommen sieht, mit diesem Alter, meine ich, muss ein Christ auch illusionslos, nüchtern fertigwerden, weil er eben eine Hoffnung, wie Paulus sagen würde, »gegen alle Hoffnung« hat.

*Wie werden Sie mit der Feststellung fertig, dass die Kräfte mit zunehmendem Alter weniger werden?*

Ich kann damit nur dadurch fertigwerden, dass ich das in Geduld akzeptiere. Wenn ich den Eindruck habe, ich kann nicht mehr auf einen Fünftausender hinaufsteigen, dann bleibe ich eben unten. Und wenn ich den realen Eindruck habe, ich kann keine sechs Stunden im Tag geistig wirklich produktiv arbeiten, dann arbeite ich eben nur noch zwei oder drei Stunden und finde mich mit dieser Tatsache nüchtern ab.

*Könnten Sie sich auch mit der Tatsache abfinden, dass Sie vielleicht am Tag noch nicht einmal mehr eine halbe Stunde geistig arbeiten könnten?*

Vom heiligen Albertus Magnus erzählt man, dass er am Schluss seines Lebens seine ganze große Theologie vergessen hatte, die in unendlich vielen Bänden heute noch gespeichert und neu ediert wird, und dass er nur noch das »Gegrüßet seist du, Maria« beten konnte.

Gut, wenn es einem so geht, dann muss man auch damit fertigwerden. Wenn man wirklich auf dem Sterbebett liegt, hört ja eben alles auf. Vielleicht sogar das Reagieren-Können auf eine solche Situation. Wenn auch dies einem entzogen ist, dann ist es ja erst recht gut. Dann befindet man sich, meine ich, erst recht in der Hand Gottes, nicht mehr in der eigenen. Und in der Hand Gottes ist man besser geborgen und gerettet als dort, wo man meint, über sein eigenes Leben selbstherrlich verfügen zu können.

*Mit dem Älterwerden geht da auch die Einsamkeit einher?*

Bis zu einem gewissen Grade schon. Man soll da nicht lyrisch sich selber bedauern, sondern auch da wiederum nüchtern sehen, dass man in einer Umgebung lebt, die lebendiger ist als man selber, die Aufgaben hat, bei denen man nicht mehr mitarbeiten kann, so dass man dann also unvermeidlich bis zu einem gewissen Grade vereinsamt. Damit muss man auch rechnen. Aber wenn es früher Wüstenväter gab, die bewusst und zielstrebig schon in jungen Jahren in die Einsamkeit der Wüste zogen und darin noch einen Lebenssinn, nämlich den eines betenden Verhältnisses zu Gott fanden, dann kann man ja im Alter mit der Einsamkeit seines Lebens auch noch fertigwerden.

*Es gilt also nicht nur das Leben einzuüben, sondern auch den Tod zu bejahen.*

Man kann natürlich letztlich nicht den Tod vorwegnehmen, nicht einmal, wenn man ein Selbstmörder wäre. Aber man kann bis zu einem gewissen Grade doch durch einen angenommenen Verzicht, durch Aushalten der Einsamkeit, der Ruhe, des vielleicht Vergessen-Seins, so etwas wie eine Einübung des Todes machen.

# *Das Alter – Gnade, Aufgabe, aber auch Gefährdung*

*[Interviewerin:] Sie haben einen Aufsatz über das Alter geschrieben, der damit anfängt, dass das Alter eine Gnade, eine spezielle Aufgabe, aber auch eine Gefährdung ist. Und Sie stellen fest, dass das Alter früher – wahrscheinlich auch, weil nur wenige Menschen alt geworden sind – besondere Privilegien und besonderes Ansehen genossen hat, einfach auch eine feste gesellschaftliche Rolle hatte, die es heute nicht mehr hat.*

*Jetzt frage ich mich: Wie können alte Menschen, die heute vielfach einfach abgeschoben im Altersheim leben, das Altern noch als Aufgabe erleben, da ihnen die Gesellschaft überhaupt keine Aufgabe mehr zuerkennt?*

[Rahner:] Zunächst wäre natürlich die Frage, ob jede Aufgabe, die sinnvoll ist – vorausgesetzt, dass sie bewusst und protestlos angenommen wird –, auch von der *Gesellschaft* angeboten und garantiert werden muss. Wenn ich alt bin und im Grunde genommen nichts mehr machen kann – entschuldigen Sie, dass ich das so sage – als Rosenkranzbeten, dann kann ich das durchaus als eine absolut fundamental wichtige, großartige Aufgabe empfinden. Wenn ich sage: »Das passt mir nicht«, ja gut, dann kann ich im

Grunde genommen keinen Trost und keine Antwort geben.

Bei uns Jesuiten haben wir einen Katalog, der jedes Jahr erscheint und in dem wir verzeichnet sind, was wir tun und wie alt wir sind usw. Und da sind natürlich auch die ganz Alten und die Kranken aufgeführt, je bei ihrem Haus, in dem sie leben, und dann steht da nicht: »Er war Prediger« oder so etwas Ähnliches, sondern: »Er betet für die Kirche und die Gesellschaft Jesu«. Das ist eine sehr nüchterne, aber sehr sinnvolle Angelegenheit. Dass natürlich die Gesellschaft den Alten so gut wie den Kranken Chancen bieten sollte und man sie nicht einfach in Altersheime einsperren sollte, in denen sie gleichsam stumpfsinnig nur noch dahinvegetieren, das ist natürlich selbstverständlich, steht aber auf einem anderen Blatt.

Der Theologe wird gefragt werden, was er zu sagen hat, wenn alle diese anderen Dinge, die gut, sinnvoll, notwendig, verpflichtend wären, eben nicht mehr gehen; und dann wird der Theologe sagen: »Solange dieser Mensch eine innere personale Freiheit besitzt, hat er immer noch eine Möglichkeit zu einer sinnvollen Hinwendung auf Gott, eine Möglichkeit, sein natürlich immer mehr begrenzt werdendes Leben anzunehmen in christlicher Geduld, in Hoffnung auf die Ewigkeit.« Und ich kann dann als Theologe nicht anders sagen als: »Wenn das jemandem aus Trotz, aus Protest gegen das Leben nicht passt, dann habe ich für ihn keinen anderen Trost.«

*Und worin sehen Sie die Gefahr dieser Phase? Es ist ja nicht nur von Aufgabe und Chance die Rede, sondern auch von Gefährdung.*

Natürlich sind mit dieser Phase die verschiedensten Gefahren gegeben. Jede Lebensphase hat ganz bestimmte Angebote, die alle auch eine negative Seite des Beschwerlichen, des Gefährlichen, des Unangenehmen, des Drohenden an sich haben und letztlich klaglos angenommen werden müssen. Und so ist es natürlich auch beim Alter. Wenn ich müde bin, wenn ich alt werde, wenn ich gleichsam von der Rampe der Weltgeschichte verschwinde, wenn ich den Eindruck habe, dass meine Umgebung auch ohne mich genauso gut auskommt, wenn ich dann auch rein physiologisch abnehme und Gebrechen konstatiere, wenn ich nicht mehr gut höre, nicht mehr gut sehe, wenn ich leicht müde werde usw., dann sind das natürlich Tatsachen, mit denen ich einfach fertig werden muss. Nicht, indem ich alle möglichen Dinge mir ausdenke, die das wegzaubern oder Narkotika gegen solche bitteren Alterserfahrungen sind, sondern indem ich eben sage: »Das muss in Geduld und in Hoffnung auf die Ewigkeit durchgestanden werden.« Solange jemand sich mit anderen Dingen trösten kann und das gelingt, ist gar nichts dagegen einzuwenden. Wenn jemand alt ist und strahlend sein kann bei einem Spaziergang oder bei einem

Kaffeekränzchen oder bei einer interessanten Lektüre oder beim Aufschreiben seiner eigenen Lebenserinnerungen oder beim Fotografieren oder – ich weiß nicht was –, dann ist dagegen selbstverständlich gar nichts einzuwenden, und die Umgebung der alten Leute sollte sich in dieser Hinsicht wahrhaftig mehr einfallen lassen, als sie es tut. Aber noch einmal: Wenn alle diese Hilfen nicht mehr tragen, sich als hoffnungslos erweisen und ich trotzdem noch bei mir bin, dann bleibt mir eben doch wahrhaftig nichts anderes übrig als zu sagen: »Damit kann und muss ich in der Hoffnung auf das ewige Leben fertig werden.«

Wer einen anderen Trost hat – gut, dem wird er ja nicht genommen. Wenn jemand mit seinem Alter und seinen Gebrechen und Leiden in einem stoischen Heroismus – wie z.B. der krebskranke Freud mit seinen furchtbaren Operationen – auch noch in irgendeiner Weise fertig wird, dann kann ich nur mit allem Respekt den Hut vor so jemandem ziehen; aber erstens bleibt die Frage, wie weit er da nicht im Grunde genommen doch verzweifelt ist, und es bleibt weiter die Frage, wie weit dieser Heroismus – tiefer theologisch und metaphysisch interpretiert – eben im Grunde genommen doch die letzte Lebenstat eines Menschen ist, der in einer anonymen Weise glaubt, und es bleibt drittens, möchte ich sagen, immer noch die Frage an mich, der ich dann sagen kann: Wenn ich mit meinem Leben anders als ein Freund, eben auf meine Weise, besser fertig werde – wer soll mir denn das übelnehmen?

Wobei natürlich noch folgendes zu beachten ist: Sehen Sie, es gibt natürlich unter Umständen, theologisch gesehen, einen Grad des Schmerzes, der physiologischen Unerträglichkeit, die den Menschen in einem personal-theologischen Sinne von aller Verantwortung dispensiert. Wenn Sie in eine chinesische oder ich weiß nicht was für eine Gehirnwäsche geschickt werden, so dass Sie im Grunde genommen physiologisch zerstört sind, dann hört die theologische Frage einer Verantwortung vor Gott auch automatisch auf. Und so ist es auch beim Alter. Wenn ich einen Schmerz als Krebskranker habe, der mir im Grunde genommen jede Möglichkeit einer freien Gestaltung meines Lebens und meiner Verantwortung raubt, dann ist theologisch gesehen das Problem im Grunde genommen zu Ende. Dann bin ich vielleicht nur noch ein Menschenwesen, das noch eine physiologische letzte Phase überstehen muss; aber gerettet und mit Gott in Frieden bin ich durch meine früheren Taten. Diese letzte Phase ist also religiös und auch menschlich im Grunde genommen unwichtig. Deswegen sollte man, nebenbei gesagt, ja auch solche Phasen nicht durch medizinische Kunstgriffe überflüssigerweise unsinnig verlängern. […]

*Während wir hier spekulative Theologie treiben, muss ich die ganze Zeit daran denken, dass ja die Grundvoraussetzung unseres Gesprächs, nämlich der Glaube an einen liebenden Gott, den meisten Menschen heute die größten Schwierigkeiten macht. Dass sie sich inmitten von so viel Widersinn und Unglück und willkürlicher Zerstörung von Leben ja zunächst kaum einen christlichen Reim auf dieses ihr Leben machen können und schon gar nicht auf ihren Tod.*

[...] Das Leben – und auch die Struktur des Geistes – ist so, dass auch in dem scheinbar Vorläufigen, Bedingten, Gemischten im Grunde genommen entweder ein absolutes Ja oder ein absolutes Nein, eine absolute, unbedingte Hoffnung oder eine grausam letzte Verzweiflung enthalten ist; auch wenn das die Leute in ihrem Alltagsbetrieb nicht so deutlich merken. Eine Mutter, die im Grunde genommen ihrem Kind unbedingt und immer die Treue hält, jemand, der, obwohl er damit nichts verdient, sich zur Wahrheit und zu seiner Überzeugung bekennt, auch wenn sie nicht alltäglich und gesellschaftlich akzeptiert ist, solche und ähnliche Leute setzen im Grunde genommen – ob sie es merken oder nicht, ob sie sich so interpretieren oder nicht – ein absolutes Ja zur Sinnhaftigkeit des Daseins, auch wenn sie mit Recht sehr vieles in ihrem Leben als gescheitert oder als sinnlos oder als bitter empfinden. Von da aus, meine ich, kann man hinsichtlich des Menschen trotz seiner Schäbigkeit, trotz seiner Feigheit und trotz des ewigen scheinbaren Kompromisse-Machens im Leben letztlich groß denken. In all dem Bedingten, Gemischten, aus Finsternis und Licht Zusammengebrauten eines konkreten Lebens ist eben doch eine letzte Absolutheit gegeben, zu der sich ein Mensch bewusst oder unbewusst bekennt.

Ich bin nicht der Meinung, die Sie erwähnen und andere Leute vertreten haben, dass nun gerade im Augenblick des medizinischen Exitus etwas ganz Besonderes, Großartiges, personal Entscheidendes geschehe, wo der Mensch noch einmal sein ganzes Leben umkrempele und ihm ein ganz anderes Vorzeichen gebe. Das glaube ich an und für sich nicht. Im Tod kann es trotz aller Theorien von Kübler-Ross und ähnlichen Empirikern des Sterbens sehr banal, sehr bewusstlos hergehen. Aber irgendwo innerhalb des Lebens geschieht eben doch – oder kann sich mindestens doch ereignen – ein absolutes Loslassen, ein absolutes Sich-alles-nehmen-Lassen, kann also der Tod in einem theologischen Sinne passieren, und dieser kann dann doch im Grunde genommen sehr unbedingt die schweigende und doch hoffende Kapitulation vor der Unbegreiflichkeit des eigenen Daseins und darin der Unbegreiflichkeit Gottes sein.

Ich meine also, dass der Mensch sehr pessimistisch, sehr skeptisch und sehr relativistisch in seinem Leben sein kann; er braucht sich nichts vorzumachen, er braucht nicht so zu tun, als ob man sich nur ein bisschen anstrengen müsste und dann das Leben nach allen Seiten hin als besonders herrlich empfinden könne. Solche romantisch-amerikanischen Rezepte der Bewältigung des Lebens stoßen, bei mir wenigstens, auf einen massiven Skeptizismus, und ich glaube nicht, dass man das gewöhnliche Leben in seinem Beruf, in seinem Verhältnis zu anderen Menschen so wunderbar herrlich finden muss; aber ich glaube, dass letztlich eben doch in der Gesamtheit des Lebens und in ganz bestimmten, besonders gesegneten Augenblicken eine Entscheidung über das eigene Leben fällt, in der man, wenn ich einmal so sagen kann, auf der einen Seite alles lässt und alles sich nehmen lässt, und gerade in dieser scheinbar stummen, schrecklichen oder erschreckenden Leere geschieht die Ankunft des unendlichen Gottes und seines ewigen Lebens.

*Nun gibt es heute Theologen, die sich die Auffassung der Biologen über den Tod mehr oder weniger zu eigen gemacht haben, die den Tod wiederum nicht als ein Unglück, als eine Katastrophe sehen, sondern als eine Notwendigkeit der Evolution und als etwas Positives. Würde denn, wenn die Theologie diese Sicht des Todes allgemein akzeptieren würde, nicht ein ganz wesentlicher, theologischer Punkt damit wegfallen, nämlich die Auffassung, dass der Tod eine Strafe für die Sünde ist?*

Die Lehre des Christentums, die im Tod eine Folge der Sünde sieht, ist eine dialektische, theologische Aussage, die unbedingt – damit sie richtig verstanden und gewürdigt werden kann – mit der anderen Aussage kombiniert werden muss, dass der Tod des Menschen dort, wo er in einem letzten Sinne gläubig ist, ein Mitsterben mit Christus als dem absoluten Sieg des Lebens ist, weil sein und unser Tod in die Auferstehung hinein gestorben wird. Infolgedessen ist die Frage, in welchem Sinne der Tod *negativ* empfunden werden muss, eine schwierige Sache.

Ich möchte einmal kurz und einfach und mit Vorbehalt aller weiteren Erklärungen sagen: Der Tod wäre [nur dann] negativ zu interpretieren, wenn wir *nicht* mit Jesus, dem Gekreuzigten und Auferstandenen, sterben würden. […] Man kann doch sagen, dass eine paradiesische Unsterblichkeit sicherlich schlechter gewesen wäre als der Tod mit

Christus; denn zweifellos ist das Christusereignis doch für den Theologen und seine Maßstäbe und für den christlichen Glauben nicht die mühsame Restitution [Wiederherstellung] einer paradiesischen Bestimmung des Menschen, sondern überholt sie wesentlich. Von da aus kann man natürlich beruhigt sagen, dass – abgesehen von allen evolutionistischen Theorien und Überlegungen – der Tod durchaus als ein *positives* Ereignis des Lebens aufgefasst werden kann, als Sieg des absoluten Lebens in der Dimension der Endlichkeit des Menschen; ein Sieg, der demonstriert, dass auch noch einmal in der scheinbaren Absurdität des menschlichen Todes Gott und sein ewiges Leben zum Siege kommen.

Die meisten Menschen sterben natürlich in einer sehr tristen Weise; es sieht wenigstens so aus. Sie sind bewusstlos, sie röcheln, man wartet beinahe ungeduldig, bis alles zu Ende ist; sie werden irgendwo in eine Intensivstation abgeschoben, und den Angehörigen wird vielleicht sogar verboten, überhaupt dabeizusein, und die sind vielleicht, wenn sie ehrlich sind, noch froh, nicht dabeisein zu müssen. All das ist traurig, all das ist vielleicht trist, und es müsste vielleicht anders sein. Aber im allerletzten ist das doch nicht die Hauptsache.

Jeder Mensch stirbt so, dass ihm alles genommen wird, und der Christ hat die Überzeugung im Leben und im Sterben, dass diese Leere, die durch dieses Genommen-Werden entsteht, eben haargenau durch das ausgefüllt wird, was wir Gott nennen. Und wir haben im Grunde genommen Gott überhaupt nur verstanden – als den Unbegreiflichen natürlich –, wenn wir sagen: Er ist der, der in dieser letzten existentiellen Leere, die durch unseren Tod geschaffen wird, als die Erfüllung hineingehört; als die Erfüllung, die endgültig ist; als die Erfüllung, die unbegreiflich ist; als die Erfüllung, die als unbegreifliche – so, wie wir hoffen – die selige ist.

## *Die geheimste Aufgabe des Christen*

Auf den ersten Blick und für das durchschnittliche Meinen der Christen hat der geistliche Mensch, der Christ unzählig viele Möglichkeiten, Aufgaben und Pflichten: In der Vielfalt seines Lebens, seiner Umwelt, seiner Berufsaufgaben, seiner gesellschaftlichen Situation und so fort. Der Christ muss diese, letztlich gar nicht voll »systematisierbare«, Vielfalt seines Lebens annehmen, aushalten und, so gut es geht, aktiv gestalten und kann dabei auch nicht viel anders handeln, als alle anderen vernünftigen und gelassenen Menschen, und selbst auch noch das Nichtfertigwerden soll er gelassen hinnehmen. Aber der Christ hat zusätzlich noch eine schwere und leichte, bittere und selige geheime Aufgabe, von der er sogar hofft, dass sie auch von denen erfüllt wird, die sich nicht ausdrücklich Christen nennen und darum vielleicht diese letzte geheime Aufgabe des Lebens nicht ausdrücklich als ihr Ziel ergreifen. Diese Aufgabe des Christen ist das Annehmen des unbegreiflichen Geheimnisses, das in uns und über uns als Ursprung und Ziel waltet und Gott genannt wird, das immer liebend und vergebend sich selbst als letzten Inhalt unseres Daseins anbietet. Es ist ein Annehmen, das der Christ im Blick auf

Jesus, den Gekreuzigten und Auferstandenen, wagt.

Diese geheimste Aufgabe des Christen, über die man nur stotternd reden kann, die Glaube, Hoffnung und Liebe genannt wird, ist zwar, weil sie der innerste Kern aller Lebensaufgaben ist, immer und überall im Leben uns aufgegeben: in der Treue des Alltags, in langmütiger Geduld, in den Enttäuschungen des Lebens, in all seiner Freude und Trauer, in all den Beziehungen zu anderen Menschen, die wir selbstlos zu lieben versuchen, und so weiter. Aber diese selige und schreckliche Aufgabe (schrecklich, weil wir immer aufs neue unseren geheimen Hang, uns in die Banalität des Alltags hinein zu ergeben, überwinden müssen) erhält im Alter doch eine besondere Deutlichkeit und Dringlichkeit.

Im Alter wird man müde; die Farbigkeit des Lebens verblasst; die Möglichkeiten, die ein Leben anbietet; werden immer geringer; man wird immer weniger gebraucht; man ermüdet rasch und findet die Wirklichkeiten des Lebens langsam immer uninteressanter; man kann nichts Neues mehr sagen; was man anzubieten hat, wird immer weniger; langsam erhält alles immer mehr den Geschmack des Todes.

Das alles ist eine Wirklichkeit, über die zu reden heute verboten wird. Mit allen Mitteln der Überredung und der modernen Techniken sucht man den alten Menschen davon zu überzeugen, dass er immer noch jung bleiben kann, immer noch Aufgaben hat, immer noch vital sein kann usw. ... Das alles ist ja ganz schön; man soll sich gewiss nicht selber in einen griesgrämigen Pessimismus im Alter fallen lassen; man soll in schweigender Gelassenheit die zweitrangigen Aufgaben, so man kann, erfüllen, die die Jungen den Alten überlassen, um selbst in der Kraft der Jugend die erstrangigen Aufgaben einer Zeit und einer Gemeinschaft zu erfüllen. [...]

Aber die Alten sollen auch nicht lügen und so tun, als ob sie noch jung wären und ihr Leben nicht zur Neige ginge. Sie sollen in gelassener Hoffnung dem Tod entgegengehen; sie sollen nicht krampfhaft festhalten wollen, was ihnen langsam genommen wird; sie sollen den Mut zum Sterben langsam einüben. Wenn man im Alter diese Bereitschaft zum Tod langsam einübt (ohne dies noch einmal zum Anlass großer Sprüche zu machen), dann widmet man sich jener letzten geheimen Aufgabe des Lebens, die die eine und höchste ist, von der wir schon in ein paar wenigen Worten gesprochen haben. Im Untergang geht Gott für uns auf; die scheinbare Leere des Alters ist erfüllt von dem unsagbaren Geheimnis, das keinen Namen mehr hat und langsam nicht mehr verstellt wird durch die bunte Vielfalt des Lebens, die unser Herz verzaubern will. Die drohende Verzweiflung oder die verzweifelte Resignation des alten Menschen, die wie Gottverlassenheit anmuten kann, und das selige Nahekommen Gottes in sich selber wohnen sehr nahe beisammen bis zum Verwechseln und werden nur geschieden durch eine letzte Hoffnung, die sich nicht noch einmal ihrer selbst vergewissern will, sondern sich Gott bedingungslos anheimgibt. Im Alter kann auf neue Weise Gott nahekommen.

# *Gedanken zu einer Theologie des Alters*

## Das Alter als Phänomen in Geschichte und Gesellschaft

Das menschliche Altern und das menschliche Alter, das wir selber erleben, ist letztlich eine gar nicht bis zu Ende analysierbare Einheit von Natur und Geschichte, Physiologie und gesellschaftlicher Situation (oder wie immer man diese unauflösbare Einheit in Zweiheit, die die ganze Existenz des Menschen durch alle seine Dimensionen hindurch bestimmt, charakterisieren will). Der Mensch hat eine »Natur«, von der die Naturwissenschaften heute, von der Physik bis zur Biologie, von der Paläontologie bis zur heutigen Medizin, ungeheuer viel für eine naturwissenschaftliche Gerontologie [Lehre über das Alter] zu sagen wissen und darin auch berichten, wie dieses biologische Wesen Mensch altert, wie dieser Vorgang des Alterns sich auswirkt in allen Dimensionen des menschlichen Wesens bis in die Spitzen seiner höchsten Geistigkeit hinein. Diese Naturwissenschaften (samt einer auch naturwissenschaftlich unterbauten Psychologie des Alters) können beschreiben, wie dieses Altern vor sich geht, auch wenn vielleicht diese Naturwissenschaften letztlich doch nicht wissen, warum diese komplexe biologische Wirklichkeit Mensch unweigerlich altert und stirbt. Aber selbst wenn alle diese Naturwissenschaften zusammen ihre Gerontologie entwickelt haben, ist das Alter und das Altern des Menschen noch nicht adäquat beschrieben, so dass man eben auch nicht sagen kann, der einzelne Mensch verstehe sein eigenes Alter und könne es richtig gestalten, wenn er es von den Naturwissenschaften allein her interpretiert. Altern und Alter sind vielmehr auch in letztlich nicht trennbarer Einheit mit ihrer biologischen Seite ein Phänomen gesellschaftlicher, geschichtlicher und kultureller Art.

Man kann (naturwissenschaftlich) sagen: Der Mensch altert und stirbt immer auf gleiche Weise (zum Beispiel bei den Mumien der ältesten Zeiten kann der Mediziner dieselben Krankheiten entdecken, die es heute noch gibt). Man kann (gesellschaftlich und geschichtlich) auch sagen: Das Altern, das Alter und das Sterben sind in jeder Epoche und gesellschaftlichen Situation (die sich beide immer wieder ändern) ganz verschieden. Auch die zweite Aussage ist wahr. In einer primitiven Horde auf der Sammlerstufe lebt man das Alter und das Sterben anders als in einem heutigen Altersheim.

Die gesellschaftliche Einschätzung des Alters, Macht oder Ohnmacht der Alten, Zahl der Alten und die normale Lebensdauer, Möglichkeiten des wirtschaftlichen und medizinischen Fertigwerdens mit der Situation des Alters usw. weisen in den verschiedenen Kulturkreisen, den verschiedenen Wirtschaftssystemen und gesellschaftlichen Verfassungen eine ungeheure Vielfalt von Formen auf, so dass man fast sagen könnte, das Alter komme in den verschiedenen Zeiten und Kulturen beinahe nur darin überein, dass es im Tod zu Ende geht.

Dazu kommt, dass die ausdrückliche Interpretation des Alters und des Todes in den verschiedenen Kulturen, Religionen und Weltanschauungen in einem Rückstoß selber noch einmal mitwirkt an der Weise, wie das Altern und das Sterben konkret gelebt wird, so dass es von daher noch einmal die verschiedensten Stile des Lebens der Alten und des Sterbens gibt.

Dazu kommt schließlich, dass ein Mensch noch einmal in Einheit und unverrechenbarer Qualität nicht nur ein beliebiges Exemplar einer Gattung und eines Kollektivs ist, sondern auch der einmalig eine, der sein Leben in unvertretbarer Freiheit mitgestaltet. Auch von daher ist darum das Alter nicht bloß ein gesellschaftliches und kulturgeschichtliches Phänomen in einem sozio-kulturellen Kontext, sondern auch ein Stück des je Einmaligen, das jeder Mensch ist.

Wenn das Alter so die letztlich nicht reinlich auflösbare Einheit von Natur und Geschichte und je einmaliger Existenz ist, dann ergibt sich schon für uns alte Leute eine simple und doch seltsame Konsequenz, mit der fertig zu werden auch noch einmal zur Last und Aufgabe unseres Alters gehört. Wir sind Natur, das heißt, wir haben uns auch als die biologisch Alternden anzunehmen, mit all dem, was damit schon an Abnahme unserer Vitalität, auch unserer geistigen Kräfte unerbittlich gegeben ist, ohne sinnlosen Protest gegen Gott und die von ihm gewollte Natur. Und unser Alter ist auch ein Phänomen der Geschichte und der Gesellschaft. Zwar haben wir Recht und Pflicht zu versuchen, die Gegenwart der Geschichte und unsere Gesellschaft mitzubestimmen und zu verändern, damit sie menschlicher und gerechter werden, aber diese geschichtliche und gesellschaftliche Situation, die unser Alter mitbestimmt und zu unserem Alter selber gehört, ist weithin innerhalb unserer eigenen Lebenszeit praktisch nicht veränderlich. Und also muss sie gelassen und geduldig hingenommen werden, und diese Tat gehört selber noch einmal zu unserem Alter, wenn es richtig bestanden wird.

## Das Alter und die Vergangenheit

Das Alter bedeutet auch die Tatsache, dass wir schon unerbittlich den größten Teil unseres Lebens hinter uns gebracht haben. Das ist eine Binsenwahrheit, und doch muss man diesen Satz genau bedenken, um ihn wirklich zu verstehen. Wenn von einer »Tatsache« die Rede ist, dann ist dieses Wort sehr richtig. Unsere Vergangenheit ist (wenigstens auf den ersten Blick, auf den noch ein zweiter folgen muss) eine objektive »Sache«, die (wenn auch nicht nur) durch die »Tat« unserer Freiheit entstanden und in einem wahren Sinn endgültig geworden ist.

Wenn wir dann aber sagen, wir hätten unser Leben »hinter uns gebracht«, dann muss der genauer und tiefer denkende Mensch stutzen, erst recht, wenn er ein Christ ist. Denn wir müssten eigentlich sagen: Wir haben unser Leben im Alter »vor uns gebracht«. Die Freiheitsgeschichte unseres Lebens brachte aus den unzählig vielen Möglichkeiten wie aus einem dunklen Grund, der vorgegeben und nicht von uns verfügt hinter uns liegt, die konkrete Gestalt unseres Lebens durch unsere Freiheitstat hervor und vor uns. Und diese ist und steht vor dem prüfenden Blick unseres Gedächtnisses und unserer Erinnerung. Wie immer es bestellt sein mag um bloß naturgeschichtliche Vorkommnisse als solche, wenn sie geschehen und vergangen sind, die Vergangenheit des Menschen mit seiner eigentlichen Freiheitsgeschichte ist nicht einfach etwas, was einmal war, jetzt einfach ins Nichts des Vergangenen hinuntergefallen wäre, verwest sei, nichts mehr sei.

Unser Leben ist gerade dadurch, dass es in Freiheit einmal geworden ist, wie es ist, nicht untergegangen, sondern aus dem dunklen Grund des bloß Möglichen als ewig Wirkliches hervorgegangen. Wie man sich diese Tatsache des Immer-Bleibens der Freiheitsgeschichte verdeutlichen mag, […] das alles sind letztlich sekundäre Fragen gegenüber der unerbittlichen Tatsache, dass wir jetzt im Alter die sind, die wir durch unser Leben hindurch geworden sind.

Man kann das zu vergessen und zu verdrängen suchen; die mit dem Alter gegebenen physiologischen Veränderungen unseres Gehirns können sowohl bewirken, dass wir vieles aus unserer Vergangenheit nicht mehr in Erinnerung rufen können oder dass wir uns an längst Vergangenes besser erinnern als an das, was vor kurzem geschah, es kann sein, dass unser Erinnerungsbild von unserer Lebensvergangenheit zum Freundlichen oder zum Erschreckenden hin abweicht von unserer wirklichen Lebensgeschichte. All das ändert nichts daran, dass wir in unserem Alter die sind, die wir durch unser Leben hindurch geworden sind. So aber hat gerade unser Alter darin eine unermessliche Aufgabe. Nicht ganz die einzige, denn wir leben ja noch und haben immer noch ein Stück Zukunft, die von uns neu getan werden muss. Aber wenn wir Alten oft und intensiv an unser vergangenes Leben denken, dann ist das nicht etwas, was von vornherein sinnlos ist oder uns trübselig machen müsste. Das Alter hat an der getanen Geschichte des Lebens selber noch eine große Aufgabe. Diese Lebensgestalt, die wir geschaffen haben und die wir jetzt sind, ist noch nicht fertig. Sie kann noch, unter Umständen, sehr radikal geändert und verbessert werden.

Wenn wir hier nun gleich mit dem Stichwort »Reue« fortfahren würden, gerieten unsere Überlegungen zu eng. Gewiss weiß der Christ mit Recht, dass er durch Reue und Umkehr in der Hinwendung zu Gott, der der Herr auch seiner Vergangenheit, der Gott der Vergebung ist, sein vergangenes Leben noch einmal ganz neu deuten, umgestalten, ihm einen radikal neuen Sinn geben kann. Aber so wahr es ist, dass wir das Böse unseres vergangenen Lebens zwar nicht uns selber vergeben können, sondern uns in demütiger Liebe von Gott vergeben lassen müssen und können, so haftet dem Begriff der Reue und der Vergebung leicht das Missverständnis an, die böse Vergangenheit sei nur ausgelöscht und so nur einfach im Abgrund des bloß

Gewesenen versenkt. Aber, genau besehen, tilgen Reue und Umkehr die Vergangenheit nicht aus, sondern wandeln sie durch die Tat Gottes an uns um. Die Vergangenheit, auch die böse, bekommt einen neuen Sinn. Damit aber ist dem Alter eine große positive Aufgabe gegenüber der Vergangenheit des Lebens ermöglicht und aufgegeben.

Man spricht heute oft von einer »Vergangenheitsbewältigung«. Meist ist diese Rede leeres Geschwätz, das sich selber nicht versteht. Aber der alte Einzelne hat doch wirklich eine selige Aufgabe, die wirklich möglich ist, die man vielleicht besser Neugestaltung der Vergangenheit als Vergangenheitsbewältigung nennen sollte. Der alte Mensch kann immer noch lernen, aus seiner Vergangenheit für die Neuinterpretation dieser Vergangenheit lernen. Er kann Verbitterung, die sich in ihm wie ein Bodensatz angesammelt hat, ausscheiden. Er kann sich ein besseres Verständnis seines eigenen Lebens erwerben, als er es bisher getan hat. Er kann weiser und gelassener werden. Mit seiner Umkehr zu Gott zusammen darf er selbst, was in seinem Leben schiefgelaufen ist und finster war, noch einmal mit dem vergebenden Gott zusammen milde und verzeihend beurteilen, darf all das mit der Liturgie der Kirche als »glückselige Schuld« verstehen. Der Blick auf das vergangene Leben kann uns gegen andere toleranter werden lassen. Man kann Aggressionen und Vorurteile, die sich im Lauf eines Lebens gegen sich, andere und äußere Verhältnisse im

Leben angesammelt haben, abzubauen versuchen. (Man muss nur in einer ruhigen Stunde einmal eine solche »Revision des Lebens« versuchen, um zu sehen, wie viel da zu tun ist und getan werden könnte.) […]

Wir Alten sind noch nicht fertig. In einem wahren Sinn ist doch noch alles offen; der Ausgang unseres Lebensdramas ist noch Zukunft, und alles, was von der Vergangenheit her unerbittlich ist, steht unter dem Spruch des Gottes einer alles verwandeln könnenden Liebe, der auch unser vergangenes Leben, ohne es auslöschen zu müssen, umsetzen kann in selige Freiheit. In seiner Ewigkeit kann alle unsere Zeit gültig bleiben und doch so verwandelt werden, dass man seine Zeit bewahrt hat und sie dann ohne Reue annehmen kann. Gewiss gründet diese unsere Hoffnung darauf in einem Glauben, der nur von Jesus Christus und seiner Botschaft her seine Glaubwürdigkeit besitzt. Jenen Glauben gilt es in der Kirche immer wieder zu verkündigen.

An diesem Punkt ist vielleicht noch eine nachträgliche Anmerkung angebracht. Von unserem biologischen und physiologischen Leben her, das auch unser geistiges und geistliches Leben in höchstem Maße mitbestimmt, ist es durchaus möglich, dass uns im Alter ein leiblicher und geistiger Zustand überfällt, in dem alle diese schönen Aufgaben des Alters, von denen wir gesprochen haben oder noch sprechen werden, mehr oder weniger oder ganz unmöglich werden. Seien wir ehrlich, und sehen wir den harten Möglichkeiten, die auch uns treffen können, nüchtern ins Auge: Wir können im eigentlichen und bitteren Sinn senil werden, es kann uns Gehirnerweichung treffen, kein Moraltheologe wird so wenig wie ein anderer vernünftiger Mensch leugnen, dass uns so entsetzliche Schmerzen des Leibes und so bodenlose, physiologisch bedingte Depressionen und Verwirrtheiten im Alter überfallen können, dass von wirklicher sittlicher Zurechnungsfähigkeit für das, was wir in solchen Zuständen tun, im Ernst nicht mehr die Rede sein kann. Wir können Heilige im Martyrium und Indianer am Marterpfahl wegen der unerbittlichen Klarheit ihres Geistes bis zum Tod bewundern; im letzten aber steht es nicht bei uns und unserer Freiheit, sondern bei Gott, ob uns in unserem Alter und beim Sterben eine ähnliche Geistesverfassung möglich ist.

Man kann sich einen Tod wünschen in stiller, gefasster Klarheit des Geistes. Man muss das, was man wirklich kann, tun, um tapfer und gottergeben mit seinen Schmerzen und seinen Depressionen im Alter fertig zu werden. Man muss aber eben doch nur tun, was man kann, und es gehört nicht zur christlichen Lebensüberzeugung, dass man alles können müsse. Wenn einen leibliche Schmerzen und seelische Verwirrtheiten und Depressionen in einen Zustand hinabstürzen, in dem man einfach nicht mehr kann, wie man – angeblich – sollte, dann hat einem der ewige Gott in seiner Liebe schon sanft alle Verantwortung für sein Leben abgenommen. Was dann noch »passiert«, ist menschlich und vor Gott unerheblich. Wenn einer in einem solchen Zustand verzweifelt Gott zu fluchen scheint, dann ist das in Wirklichkeit nur ein physiologischer, nicht ein menschlicher Vorgang, genauso wie die schweifenden Phantasien eines Sterbenden.

Man kann um ein heiteres Alter und um ein »schönes« Sterben bitten, in welcher wirklichen Gestalt aber das Alter und das Sterben auf uns zukommen, ist Gottes Sache. Zur Aufgabe des Alters gehört es, rechtzeitig diese unbekannt auf uns zukommende Situation des Alters und des Todes anzunehmen und zu wissen: Alles kann Gnade sein, auch dann, wenn wir nur noch die hilflos Besiegten sind.

## Das Alter als Brücke zwischen den Generationen

Von einer besonderen Aufgabe des Alters soll noch die Rede sein: Die Alten können oft den Versuch machen, eine Brücke zwischen den Generationen zu sein. Es soll hier nicht in Illusionen und Utopien gemacht werden. Wenn einer arm und alt in einem engen Altersheim leben muss, mehr oder weniger vergessen von seiner Sippe, dem ist die Aufgabe, von der nun geredet werden soll, praktisch verwehrt, und er muss mit seinem

Alter anders als Mensch und Christ fertig werden.

Aber für viele Alte gibt es doch die gemeinte Aufgabe. Nur muss man sie sehen und wahrnehmen wollen. Die Funktion des Opas und der Oma in vielen Familien ist ja bekannt und geschätzt. Sie sind oft die von der Jugend geliebten und von den Erwachsenen geschätzten Vermittler zwischen den zwei Generationen, unter denen sie leben.

In früheren Zeiten hatten die Alten oft eine fast institutionalisierte Aufgabe des Rates, der Weitergabe der Tradition, des Ausgleichs. Eine solche Vermittlerfunktion der Alten muss sich nicht auf Familie und Sippe im engeren Sinne beschränken. Sie kann sich noch ziemlich weit darüber hinaus ausdehnen. Die Alten sollten nicht deshalb, weil man ihnen die bestimmende Führung in gesellschaftlichen Gruppen, »das letzte Wort«, nicht belässt, verdrossen aus solchen gesellschaftlichen Gruppierungen sich zurückziehen, sich selber dazu verdammen, zum alten Eisen zu gehören, sich auf dem Abstellgeleis stehend empfinden. Sie sollen sich selber ein wenig Bescheidenheit und Selbstverleugnung zumuten und ruhig, wenn jetzt vielleicht auch nur in der zweiten Reihe, nüchtern und heiter in solchen Gruppen weitermachen. Es kann durchaus eine christliche Aufgabe sein, seinen alten Stammtisch weiter zu besuchen, auch wenn man ein wenig schwerhörig ist, nicht mehr alles mitbekommt und nicht mehr die erste Geige spielt. Man muss da und dort noch dabeisein wollen, selbst wenn es einen ein wenig langweilt. Schon der Besuch eines Vortrags kann zu einer solchen Aufgabe des Alters in der Vermittlung der Generationen gehören. Der Alte braucht nicht einen Jungen zu mimen, und die alte Dame braucht nicht auf jeder Party aufkreuzen zu wollen. Aber die Alten sollten sich nicht fürchten, unbefangen und ihrer selbst sicher unter der übrigen Menschheit zu bleiben. Ihre Lebenserfahrung ist ein Kapital, das für die nächsten Generationen Zinsen tragen kann.

Das Gesagte gilt auch für ein Weitermitmachen in kirchlichen, pfarrlichen Gruppierungen. Auch hier gibt es viele Funktionen, die man im Alter noch ausüben kann, die sonst anderen zu gering erscheinen und die doch von Wichtigkeit sind für das kirchliche Leben. Selbst wenn es nur das Briefmarkensammeln und -herrichten für eine bestimmte Mission wäre. Die Alten haben eine Vermittlungsfunktion zwischen den Generationen. Man muss sie nur sehen wollen und sie ausüben, auch wenn sie nur bescheiden zu sein scheint.

## Der Glaube an das ewige Leben

Wir grenzen alle in allen Lebensphasen an die Ewigkeit Gottes, zumal keiner weiß, ob ihm ein langes oder kurzes Leben beschieden ist. Herzinfarkte, Verkehrsunfälle und anderes solches Sterben können auch den Menschen in jungen Jahren und in der Mitte des Lebens treffen. Aber wir Alten werden durch unsere inneren und äußeren Lebenssituationen doch in besonderer Weise daran gemahnt, dass wir diesem Ende aller besonders nahe sind und der Tod unausweichlich näherkommt. Wir leben noch, und wir leben auf das Ende zu.

Wir Christen glauben dabei an das ewige Leben. Dieses ewige Leben darf nicht nur das sein, wogegen wir mürrisch nichts haben, weil wir nun einmal hier nicht ewig weiterleben können und so fast wie in einer verhohlen ungläubigen Resignation uns die Botschaft des ewigen Lebens zusagen lassen. Dieses ewige Leben muss von uns in liebender Hoffnung erwartet werden. Und so sind wir Alten in einer seltsamen, einmaligen Spannung stehend zwischen einem Mut des diesseitigen Lebens und der Hoffnung des ewigen Lebens. Wir leben noch, also müssen wir noch weiterzuleben suchen. Gewiss brennt unser hiesiges Lebenslicht allmählich kleiner und niedriger und zittert oft ängstlich. Gewiss haben wir diesbezüglich nur begrenzte Möglichkeiten und brauchen uns nicht illusioniert vorreden, wir könnten den alten Schwung des Lebens weiter bewahren, wenn wir nur wollen. Diesbezüglich gibt es hohle Parolen (»Man ist so alt, wie man alt sein will« usw.), die man sich nicht anquälen sollte, sondern ehrlich und nüchtern zur Abnahme seiner Lebenskraft in allen Dimensionen (auch des Geistes) sich bekennen. Aber man lebt eben doch noch und sollte das Leben, das einem noch geblieben ist, wirklich leben und ausfüllen wollen.

Es gibt Alte, die ihre Körperpflege vernachlässigen, obwohl sie dazu durchaus noch in der Lage wären. Das ist dumm und feige. Die alte Dame, die sich bemüht, noch gepflegt auszusehen, ohne die jungen Mädchen zu kopieren, hat ganz recht. Man kann sich bis ins hohe Alter noch für vieles interessieren, Bekanntschaften weiterführen, sich ein neues Hobby zulegen und so weiter. Es kommt gewiss voraussichtlich eine Zeit, wo einem auf dem letzten Krankenlager die Möglichkeit zu solchem genommen wird. Aber was man jetzt noch tun kann, soll man auch wirklich tun und nicht griesgrämig in einer falschen Resignation und Feigheit sich selber schon in jene Finsternis hineinstoßen wollen, in die freilich uns Gott, er aber sanft und mild und so anders als wir selbst, einmal hineinführen wird.

Man kann auch im Alter noch über etwas anderes reden als über seine Krankheiten und Beschwerden. Solange man überhaupt Macht über sich selbst hat, die man sich nicht selber voreilig absprechen soll, kann man sich solches Gerede durchaus verbieten, das einem nichts nützt und andern lästigfällt.

Kurz und gut: Solange man lebt, sollte man auch leben wollen. Aber zu diesem Leben hienieden gehört für den Christen auch der Ausblick auf das ewige Leben. Er ist nicht nur ein billiger Trost, wenn uns sonst nichts anderes übrigbleibt, er ist eine heilige Aufgabe. Warum sollten die Alten nicht mehr beten, als sie es während des früheren Lebens getan haben? Es ist dumm und gemein, jedwede Altersfrömmigkeit bei andern oder bei sich selbst verdächtigen und entlarven zu wollen als feiges Zu-Kreuz-Kriechen eines schwach gewordenen Menschen, der jetzt schnell noch »fromm« werden will. Solche letztlich verlogenen und feigen Gestalten der Altersfrömmigkeit gibt es gewiss auch. Aber eben nicht nur. Warum dürfte man im Alter nicht noch reifer, weiser und darum eben auch frömmer werden dürfen? Warum müsste ein Mensch auf jener früheren religiösen Entwicklungsstufe, die vielleicht sehr infantil geblieben ist, stehen bleiben? Bloß damit man sich nicht eingestehen müsse, noch dazugelernt zu haben und manches desavouieren [schlecht machen] zu müssen, was man früher für richtig gehalten hat? Der Umstand, dass man vielleicht vieles, was man früher getan hat und jetzt kritisch betrachten muss, äußerlich nicht mehr ändern kann, ist noch kein Grund, auf seinem alten Standpunkt zu beharren, da auch dieses, was von uns nicht mehr geändert werden kann, von der unbegreiflichen Güte und Macht Gottes immer noch verwandelt werden kann. Im Alter soll man ruhig den Mut haben, frömmer zu werden.

Nun ist es freilich wahr, dass die damit gegebene und intensiver zu gestaltende Erwartung des ewigen Lebens sehr verschiedene

Gestalten und Stile haben kann, man also nicht gehalten ist, eine solche bestimmte Gestalt, wie sie meist in den Heiligenleben geschildert wird, auch von sich selbst zu verlangen. »Auf Wiedersehen im Himmel, du taube Nuss«, sagte die Schwester eines schwerhörigen Mitbruders zu ihm und starb. Solche fröhliche Zuversicht wird nicht jedem geschenkt sein. Die heilige Theresia vom Kinde Jesu ist ganz anders gestorben in den Qualen ihrer Schwindsucht, angefochten von der unbeschreiblichen Finsternis, in der sie versank. Und sie war doch zuversichtlich und hoffend.

Die Stile der Hoffnung des ewigen Lebens im Sterben sind verschieden, und es gehört auch noch einmal zur wahren Hoffnung selbst, in der Weise zu sterben, wie Gott es verfügt hat. Man soll mit Jesus beten: Vater, in Deine Hände empfehle ich meinen Geist; man darf aber auch beim Sterben mit Jesus das Psalmwort beten: Gott, mein Gott, warum hast Du mich verlassen?, weil auch dieses Gebet mit dem ewigen Leben Gottes beantwortet werden wird. So sind darum auch die Stile der hoffenden Erwartung des ewigen Lebens während unseres Lebens im Alter sehr verschieden. Es kann dem einen die Hoffnung des ewigen Lebens als wunderbar tröstliches Licht das Herz erfüllen und er so freudig auf die letzte Stunde hingehen. Einem andern ist es gegeben (das ist letztlich dieselbe Gnade), in der Standhaftigkeit eines nüchternen Glaubens zu leben, ohne sich mit eigenen Farben den Himmel ausmalen zu wollen: Ich glaube an das ewige Leben. Ein solcher wird sich sagen: Mein eigenes Herz ist schwach und eng, ich muss fast ängstlich suchen, wo neben der Müdigkeit und Dürre meines Alters für diesen Glauben noch ein Platz zu finden ist; aber Gott ist größer als mein Herz und verlangt von mir nicht mehr, als ich ehrlich aufbringen kann.

Der alte Mensch ist auf die Grenzlinie zwischen Zeit und Ewigkeit gestellt. Und da hat er seine heiligste Aufgabe. Sie kann eine schwere Last sein. Aber Gott trägt sie mit uns und nimmt sie uns ab, wenn wir wirklich nicht mehr können.

## *Der Gipfel eines Lebens*

*[Interviewer:] Wie sehen Sie – vom Gipfel Ihrer 80 Jahre aus – Ihr Leben in puncto Zukunft und Gott?*

[Rahner:] Der wirkliche Gipfel meines Lebens kommt erst noch; ich meine jenen Abgrund des Geheimnisses Gottes, in den man sich hineinfallen lässt voller Vertrauen darauf, von seiner Liebe und seinem Erbarmen auf ewig angenommen zu werden.

# *Christlich gehen können*

Ich bin alt geworden. Das ist auch eine Gnade, weil im Alter die Hoffnung des ewigen Lebens wächst, weil *Du* zunimmst, wenn wir abnehmen. Wie lange dauert es noch, bis es für immer Abend ist? Ich weiß es nicht. So mache ich weiter, solange noch Tag ist. Am Ende gehe ich mit leeren Händen fort, ich weiß es. Aber so ist es gut. Dann will ich auf den Gekreuzigten schauen. Und gehen. Was kommt, ist die selige Unbegreiflichkeit Gottes.

# Zu den Textquellen

Die sechs hier versammelten Texte Karl Rahners stammen aus seinem letzten Lebensjahrzehnt und wurden 1975, 1980, 1982, 1983 und 1984 publiziert.

– Der Text »Wie erleben Sie die Zeit des Alterns?« ist dem Bändchen »Erinnerungen im Gespräch mit Meinold Krauss« entnommen, das Anfang 1984 aus Anlass des 80. Geburtstags von Karl Rahner in der Herderbücherei (Nr. 1154) erstmals erschienen und später öfter, teils unter anderem Titel und in anderen Verlagen, neu aufgelegt wurde. Das Bändchen gibt ein sechsstündiges Gespräch von 1983 wieder, das der evangelische Gemeindepfarrer und Publizist Meinold Krauss mit Rahner in Innsbruck für die Reihe »Zeitzeugen des Jahrhunderts« des Zweiten Deutschen Fernsehens (ZDF) führte, von dem aber nur Teile gesendet werden konnten. Bis heute dient dieses Gespräch als wichtige, authentische biographische Quelle.

Die von uns ausgewählte Passage ist ein Teil aus dem letzten Themenblock des Gesprächs mit dem Zwischentitel »Zeitliches und ewiges Leben«. Der gesamte Text ist greifbar in: Karl Rahner, Sämtliche Werke. Bd. 25: Erneuerung des Ordenslebens, Zeugnis für Kirche und Welt. Bearbeitet von Andreas R. Batlogg. Freiburg 2008, S. 85–143, unser Text S. 138–139.

– Der Text »Das Alter – Gnade, Aufgabe, aber auch Gefährdung« ist dem am 21. Oktober 1980 im Saarländischen Rundfunk ausgestrahlten Gespräch Rahners mit Erika Abrecht-Meditz (Leiterin der Abteilung Bildung und Familie im SR) entnommen. Es erschien in: Karl Rahner, Im Gespräch. Bd. 2: 1978–1982. Herausgegeben von Paul Imhof und Hubert Biallowons. München 1983, S. 126–136. Jetzt greifbar in: Karl Rahner, Sämtliche Werke. Bd. 31: Im Gespräch über Kirche und Gesellschaft. Interviews und Stellungnahmen. Bearbeitet von Albert Raffelt. Freiburg 2007, S. 236–243, unser Text S. 237–243.

– Der Text »Die geheimste Aufgabe des Christen« ist ein Ausschnitt aus Rahners Artikel »Altwerden als geistliche Aufgabe« mit dem Untertitel »Gedanken zu einer Spiritualität des alten Menschen«, der im Oktober 1975 in der in München erscheinenden Jesuiten-Zeitschrift »An unsere Freunde« (Heft 4, S. 22–24) publiziert wurde. Jetzt greifbar in: Karl Rahner, Sämtliche Werke. Bd. 25, S. 494–496, unser Text S. 494–495.

– Der Text »Gedanken zu einer Theologie des Alters« stammt aus dem Beitrag »Lebensstationen im 20. Jahrhundert. Zum theologischen und anthropologischen Grundverständnis des Alters«, den die beiden Herausgeber Margarete Schmid und Walter Kirchschläger von Rahner für ihren Sammelband »Nochmals glauben lernen. Lebensstationen im 20. Jahrhundert« (Innsbruck 1982, S. 9–21) erbeten hatten. Er wurde später in Band 15 der »Schriften zur Theologie« (Zürich 1983, S. 315–325) abgedruckt – der ursprüngliche Haupttitel wurde fallengelassen und durch den bisherigen Untertitel ersetzt. Jetzt greifbar in: Karl Rahner, Sämtliche Werke. Bd. 29: Geistliche Schriften. Späte Beiträge zur Praxis des Glaubens. Bearbeitet von Herbert Vorgrimler. Freiburg 2007, S. 145–153, unser Text S. 146–153.

– Der Text »Der Gipfel eines Lebens« entstammt einem der vielen Interviews, die im Zusammenhang mit Rahners 80. Geburtstag 1983/84 geführt wurden. Es wurde von Manuel Alcalá SJ 1984 in der Zeitschrift »Vida nueva« (Madrid) publiziert, eine Woche vor Rahners Tod. Der Text ist jetzt greifbar unter dem Titel »Ich hätte in meinem Leben gern mehr Liebe und mehr Tapferkeit besessen. Karl Rahner im Gespräch mit Manuel Alcalá« in: Karl Rahner, Sämtliche Werke, Bd. 31, S. 375–376, unsere Textpassage S. 375.

– Der Epilog »Christlich gehen können« stammt aus einer Predigt, die Rahner zuerst am 14. Juli 1974 zum 70. Geburtstag von Stadtpfarrer Anton Forsthuber (1904–1977) hielt, der von 1947 bis 1976 Pfarrer von St. Ludwig in München war (zu dem das Berchmanskolleg gehörte, wo Rahner damals wohnte). Zwei Jahre später hielt Rahner dieselbe Predigt, leicht adaptiert, zum 40. Jahrestag der Priesterweihe des Münchener Fundamentaltheologen Heinrich Fries (1911–1998) unter dem Titel »Ein alter Pfarrer meditiert sein Leben. Eine Predigt«. Jetzt greifbar in: Karl Rahner, Sämtliche Werke. Bd. 20: Priesterliche Existenz. Beiträge zum Amt in der Kirche. Bearbeitet von Andreas R. Batlogg und Albert Raffelt. Freiburg 2010, S. 290–294, unser Text S. 293.

Alle Überschriften der Rahner-Texte dieses Buches sind von den Herausgebern formuliert. In eckigen Klammern stehende Wörter in den Rahnertexten sind Einfügungen der Herausgeber zum besseren Verständnis. Wo aus Gründen der Übersichtlichkeit Stellen gekürzt wurden, ist dies durch [...] markiert. Zur besseren Lesbarkeit wurden zuweilen längere Textpassagen in Absätze unterteilt.

## Karl Rahner im Matthias Grünewald Verlag

Die von Andreas R. Batlogg und Peter Suchla im Matthias Grünewald Verlag herausgegebene Reihe stellt Texte aus dem Werk Karl Rahners vor, die zeigen, wie christlicher Glaube das Leben auch heute bereichern kann. Alle Bände mit Festeinband und Leseband.

GRÜNEWALD

Karl Rahner

**Advent – Von der tiefen Sehnsucht unseres Lebens**
80 Seiten
ISBN 978-3-7867-3147-4

**Von der stillen Weihnacht unseres Herzens**
80 Seiten
ISBN 978-3-7867-3193-1

**Der wahre Sinn der Fastenzeit liegt nicht im Verzichten**
112 Seiten
ISBN 978-3-7867-3127-6

**Was Ostern bedeutet**
80 Seiten
ISBN 978-3-7867-4032-2

**Im Alltag nicht alltäglich werden**
64 Seiten
ISBN 978-3-7867-3181-8

**Von der Kraft, täglich neu zu beginnen**
64 Seiten
ISBN 978-3-7867-3211-2

**Warum Beten manchmal schwerfällt – und was daran gut ist**
88 Seiten
ISBN 978-3-7867-3240-2

**Karl Rahner**
**Vom Unterwegssein, Pilgern und Ankommen für immer**

80 Seiten
Gebunden mit Leseband
ISBN 978-3-7867-3248-8

Karl Rahner, einer der großen spirituellen Lehrer des 20. Jahrhunderts, zeigt auf, dass unser ganzes Leben ein Unterwegssein und Pilgern ist. Die Wege eines Menschenlebens sind keine vergebliche Liebesmühe, sondern ein Sich-Bewegen mit Gott an unserer Seite – auf Gott zu. Der Weg hat ein Ziel: Für immer heimkehren und ankommen bei Gott.

GRÜNEWALD